EL SUPREMO

EL SUPREMO

Hikari Yuuki Artist

Antología de poesía

Agradezco a mi madre por darme la vida.

Agradezco a mi padre por dejarme seguir mis sueños y respetar mis decisiones.

Agradezco a mi Tío Polo y mi tía Tere quienes han sido como unos segundos padres en mi vida, desde mi infancia hasta mi época adulta.

Agradezco a Beatriz Sarabia y Erik Castillo, coordinadores educativos durante mi jornada universitaria en la Anáhuac, quienes fueron un sostén emocional ante la muerte de mi madre.

Agradezco a Eduardo Lara Peniche, amigo y maestro desde la secundaria, autoproclamado mi fan número uno y primer lector de mi recapitulación poética registrada.

Agradezco a Alejandra Flores, Emilio Calderón, René Verá, José Silva y David Guerrero, quienes me han leído, retroalimentado y tallereado en algún momento de su vida.

Agradezco a Roberto, José Carlos, Uriel Morales, Concepción, Edna, Oscar, Yarely, Sarahí, Jorlett, Kembly, Melissa y Yolanda quienes son amistades de años y a todas aquellas personas que me escucharon y alentaron en la adversidad.

Esta antología, aclaro, no es de poesía, son mis primeros textos poéticos escritos cuando no sabía nada de escritura, cuando escribir era lo único que me mantenía con vida.

Agradezco a mi Angie niña, quien, pese a sus dificultades, escribía con el único sueño de volverse escritora.

Te agradezco a ti, lector (a) por dejarme entrar en tu mundo.

Introducción

Esta antología es la tercera que escribo, pero la primera que decido publicar.

El nombre de "El Supremo" lo elegí porque fue el primer nombre que usé a mis 9 años, cuando decidí escribir mi "primer libro" que en realidad era una libreta forrada de cartulina rosa con grapas y en donde iba llenando con cuentos, canciones y poemas cortos.

En mi mente, yo ya era escritora, pero ahora, tras 18 años de aprendizaje, reconozco que me sentía más segura a esa edad que a mis 27 mientras recopilo estos textos, los cuales, por respeto a su sentimiento original, decidí conservar.

Elegir esta colección de textos ha sido complicado, especialmente porque los escribí en mi adolescencia, y el más reciente, en 2017.

Cancún, Quintana Roo., 2020.

Primera etapa:

INFANCIA.

Espinosas y dolorosas, como espinas de rosas...

No hay que envidiar
a las margaritas,
por sus colores, y
pétalos o por su
textura fina, por
que hasta las flores
más feas
son bonitas.
Las que tienen
espinas dañan
y lastiman…
Son como las
personas…
Que solo hay
como dos:
Las rosas
y las margaritas…
Las rosas por
celos sacan sus
espinas más
grandes para
dañar a las margaritas
pero a veces las
margaritas también
sacan sus espinas
para combatir
a las malvadas
rosas…

Cuando empieza la primavera

Las campanas suenan en la primavera
un día se acerca, un día muy especial
cuando nacen los pajaritos
y cuando hay felicidad.

Junto a ti

Te veo cerca,
pero te imagino lejos,
por mi pena.

Así soy

En mis labios,
está mi alegría,
en mis ojos
mi tristeza…

Conchi

Es como mi hermana
aunque es mi amiga,
es mejor que yo,
y de quien os hablo
es de mi mejor
amiga
Concepción

María

Muy cerca de mí,
A veces te siento
Rebusco en mis
Ideas el que
Aquí tú no estés…

El invierno

El invierno es frío,
como el río
como lo eres tú de frío
en el río de tus
sentimientos,
el invierno en ti
nunca acaba,
por tu maldad…

El caballo

¡Corre, corre, corre
como el viento!
Vuela sin cesar
para que tus
hermosas hebras
de oro, brillen
por el sol, el
hermoso color
blanco de tu piel…
y eso que dicen
que el blanco
es precioso, tu
lo haces aun
más precioso
querida yegua…

Las nubes

Se ven tan cerca
pero al mismo
tiempo lejos…
Parece imposible
alcanzarte
cuando te
alcanzo, tú te
esfumas
de mis manos
como espuma…

Cuando el sol desaparece

Cuando el sol desaparece
la luz se desvanece,
pero cuando aparece
todo se vuelve tan
claro como el mar...

El mar

En el mar se refleja la luz del sol,
como si corriera alrededor de ella,
el agua es tan clara, al igual que se ve verdosa y azul,
con los peces nadando por doquier,
Es una combinación perfecta:
El verdoso mar, los peces y el precioso atardecer.
Todo es precioso.

Un amigo

Los amigos son algo muy bonito,
porque te apoyan, te ayudan y nunca te dan la espalda,
sientes que te quieren.
Eso es un verdadero amigo.

Eres mi compañera ideal

"Eres mi compañera ideal"
Siempre me dices y yo te contesto
"tu igual"
Te quiero mucho, aunque a veces no lo demuestro,
Me cuidas, me consientes y aconsejas.
Eres la mejor madre del mundo
por eso y más, te adoro.
cómo se cómo expresarlo, mejor te hice una canción,
un poema y un acróstico.

Para mamá

Cuando estoy triste, recurro a ti,
cuando estoy alegre te tengo junto a mí,
te digo algo y me dices "Muy bien, hija mía"
Yo te amo, te añoro, eres mi alegría.
una bella canción para mi mami
escribo hoy.

Mi mamá

Cuando me viste,
tú te pusiste alegre,
cuando te dije mami,
tu sonreíste
cuando te abrazo,
tú me dices "como te quiero"
mi madre eres tú.

Mamá

Mamá, eres la mejor
amiga
Mamá, eres la mejor
Ambiciosa y positiva que conozco.

Como eres la mejor
Me has ayudado sin razón
Te digo
¡Gracias!

Segunda etapa:

ADOLESCENCIA.

Madre mía

Eres una luz protectora
una luz que me guía
eres mi madre mía
mi instructora…

Tú me diste mi existencia
por ello el pensamiento
de tu fallecimiento
es una penitencia…

Fiera como tigresa
delicada como rosa
con voz melodiosa
eres una diosa…

Reflejas en tus ojos
toda tu alma
llena de seriedad y calma
a través de tus anteojos.

Eres muy fuerte,
poco clamorosa,
siempre con una sonrisa
eres muy potente…

desde pequeña me criaste
siempre de mi te ocupaste
por ello mi agradecimiento
es uno de los más honestos

no logro describir
el cariño y amor,
solo por darme mi vivir,
que tengo hacia ti,
puesto que mi dolor
calmaste y me amparaste…
tu apoyo
es mi herencia mayor…

Eres mi compañera ideal,
maestra de la vida
amiga comprensiva y leal
eres mi madre, mí inspiración

sé que a veces te ofendo
no es mi intención
por eso perdón
por aquel infame pido…

Me atiendes enferma
alimentas mi mente
de sabiduría, mamá
ríes de mis deleites
e incluso comprendes

Mi aflicción
intentando pararla
auxiliándote de una parecida alusión…

Te quiero mucho
quizá casi no te lo diga

más diario lucho
para que te satisfaga

Gracias por darme
la vida, por escucharme
y educarme, en especial
por quererme y apoyarme…

Te amo por ser mi amigo

No espero de ti la perfección
porque te respeto tal y como eres,
no pretendo que me faltes nunca,
porque eres como yo, un ser humano.

No quiero saber todos tus secretos,
sé que eres una persona aparte.

Ni que cubras todas mis necesidades,
porque entiendo que tienes sueños propios.

No pongo en duda tu fuerza,
porque sé lo lejos que has llegado,
pero tampoco espero
que lleves toda la carga tú solo
porque estoy aquí, para llevarla contigo.

No pido que conozcas todas las respuestas
sé que hay veces que tendrás tantas dudas como yo,
solo te pido que me cuentes como amiga,
cuando necesites apoyo y alegría
como socia en los sueños y el futuro,
como consuelo cuando necesites olvidar
el mundo exterior.

No quiero que estés siempre conmigo,
pero quiero compartir momentos especiales
junto a ti.

No quiero que solo tengas ojos para mí,
pero quiero que me veas diferente a los demás.

No quiero ser la única persona en tu vida,
pero quisiera ser una importante.

No quiero escuchar miles "Te quiero"
con una sonrisa, una mirada, un detalle basta.

No quiero que vivas abrazado a mí,
pero quiero que busques mis brazos cuando los necesites.
No quiero que esté siempre alegre conmigo,
Pero cuando algo te preocupe,
Confías en mí.

No quiero que vengas a arreglar mi vida,
quiero empezar una nueva.
Te pido que recuerdes:
Lo mucho que te quiero.

Estar enamorada es...

Llorar sin razón
y sentir alegría
por la desconocida ocasión

Sentir una gran melancolía
recordando los momentos
bellos durante todo el día

Vivir dentro de un cuento
pero a diferencia
de este, no siempre hay un final contento...

Una gran sentencia
de gozo
otra, una penitencia

Aguardar el abrazo
de ese ser amado

Esperar un llamado
con la esperanza
que sea el chico añorado

Tenerle confianza
¿Pues para qué dudar
del ser con quien haré una alianza?

Sin ninguna razón celar
¿Pues cuál es la mejor manera

de mi amor demostrar?

Tener un existir
lleno de pasión
eso si hay amor

con la vista seguir
Los pasos del amado

Desearle no sufrir
a nuestro ser adorado

Soñar que mi amor
es bien correspondido
que no termine en dolor

Soltar el llanto
al imaginarlo
de otra junto

Una mágica sensación
una apasionada,
me deja cegada
pierdo la razón

Soñar que el
nos quiere sin cesar
aunque sea cruel
con nuestro amar…

Sufrir, desear, amar

es alegría y tristeza
es todo el día pensar
en el que con certeza
se ha robado mi corazón…

Por él

Por él lloro,
por él estoy triste,
por él sonrió,
por el me sonrojo,
Y por él,
por él es por quien
Suspiro…

Por el estoy triste,
por el estoy alegre,
alegre por conocerlo,
triste por no tenerlo…

Por él sonrió,
por le me sonrojo,
al verlo sonrió
Y al acordarme de él
me sonrojo…

Cada momento cerca de él.
Me enamoro más y más
Me enamoro más y más de él,
al ver sus penetrantes ojos y
sus apetitosos labios…
Los cuales quisiera besar,
besar y besar…

Por él estoy triste,
por él estoy molesta,

triste cuando pienso
que anda con otra y
molesta cuando lo veo
con otra, es decir,
me pongo celosa…

Por ser él,
odio ese tierno sentimiento
que siento por él,
el de sentirme atraída
por él…

Él me atrae por ser
como es,
por ser imperfecto,
porque nadie es
perfecto,
por ser todo lo que
yo no soy,
es como mi otro yo…

No quiero nombrar a él,
pero este poema es
dedicado a él…

UN CHICO MUY ESPECIAL…

Mi adorado

No sé cómo pasó
simplemente sé que es real
me enamore, ¡Qué hermoso
sentimiento! Es magistral…

Pero no me quiero ilusionar,
porque sé que no soy nada para ti,
¡Por eso no me quería volver a enamorar!
Es mi culpa, yo lo permití…

Me siento en un mar de sentimientos,
sentimientos encontrados
que revuelven mis pensamientos
y me afectan, son muy contrariados…

Si pudiera ser tu espejo
lo sería solo para verte,
ver tu rostro y tus ojos
solo así, sonreiré felizmente…

Nada somos, nada seremos
porque eres muy diferente,
solo te veré, me veras, nos veremos
pero siempre serás indiferente…

para mi eres mi luz y oscuridad
sé que suena dramático
pero no puedo mentir, es verdad
En mi juego

favorito, eres mucho mejor
que yo, no lo niego
más solo te reto, para verte, mi amor…

¿Qué más te debo decir?
me encantas, me fascinas
(aunque sé que contigo voy a sufrir)
si tú eres feliz, no me importa lo demás…
no sé cómo te pude ignorar
por tanto, tiempo,
ya no puedo pensar
solo anhelo ver tu cuerpo…
tu cabello ondulado
recae sobre tu rostro de ángel,
tus labios rosados,
tus ojos, ¡como deseo que sean de miel!
si pudiera convertirte
en caramelo, lo haría sin dudar
porque así podré sentirte,
y a lo mejor lo podré lograr…

Pero eso será casi imposible
porque pasas a mi lado
y ningún saludo amigable,
sale de tu labio acaramelado…

me conformo con estar contigo,
solo él estar cerca de ti
Me hace feliz, ¿quieres ser mi amigo?
no te pido más, acéptame ¿sí?

Aunque deseo más,
así se quedará
no pido más…

No diré el nombre
por discreción
al "pequeño hombre"
que se roba mi corazón…

Amigos es lo que somos,
Mentira es lo que sabes,
Indaga un poco y veras que
Gozo el pensar que somos
Otra cosa más que amigos…

Maldito es la palabra con la que

Ahora te voy a describir…

Lo que sentí por ti, es

Diferente, en vez de

Incluirte en mis bellos pensamientos…

Tú causas el

Odio que ahora siento.

Te quiero...

Regálame un "te quiero"
pues no te veré más
dame un tierno beso
pues es una despedida…
Mírame a los ojos
quiero disfrutar de tu mirada
aquella que vi con ilusión
rezando con pasión
por un romance entre los dos
escucha lo que no digo
pues ahí está mi verdad
la verdad que te he ocultado
y sabrás que mi corazón
está atravesado por una flecha…
La cual dice tu nombre…
Tal vez nunca llegue él te quiero
quizá no volaré contigo
no veremos la misma Luna…
Pero permíteme una noche
donde desnude tu ser
aquel malvavisco que soñé
alguna vez hallar en ti…
En mis momentos más tristes
apareciste tú
llegaste como una luz divina
que me dio ánimos
para continuar…
Tal vez ose con mi deseo
pero realmente anhelo

explorar tu terreno
y entrar en tu mundo…

Homenaje al rey

Vaya juego majestuoso,
guerra divina, lleva,
el bien y el mal encarnado,
buscando un triunfo glorioso.

El triunfo llegará,
para aquel cuya finura,
en el arte destacará.
mucha estrategia y enigma,
envuelto por piezas,
es la que se empeñan,
para demostrar al vencedor.

Los peones luchan,
algunos son sacrificados,
pero si al final llegan,
son recompensados,
de uno en uno avanzan
dentro de la batalla…

El caballo y su jinete,
apoyan en el centro,
dónde está peor el encuentro,
por su lento movimiento,
son sacados adelante,
pero por eso son,
un arma amenazante,
atacan doble sin exponerse,
y esquivan fugazmente,

al enemigo…

Los alfiles hermanos,
uno puro, otro malvado,
desde lejos se esconden,
para atacar al despistado.
Cumpliendo fielmente,
órdenes supremas…

La torre defensiva,
toma columnas enteras,
y siempre ofensiva,
ataca sin dudar,
parece una muralla,
qué en las últimas situaciones,
se esconde esperando el momento
para al oponente atacar…

La dama majestuosa,
¡Oh, divina pieza!,
Observa la guerra latente
y con ataques potentes,
salva y combate en nombre
de su Rey…
fiel seguidora,
a veces sacrificada,
pero su muerte no es vana,
es incluso planeada,
al que protegen todos
los de su bando,
es al Rey
este es la ley,

a pesar de guardarse,
sabe sacar la espada,
pero solo mirarse,
con su oponente.
su derrota,
es la perdición,
por eso hay que brindarle,
fidelidad y protección…

¿Realismo o espejismo?

Tengo ganas de llorar
más ignoro el motivo
¿Una mentira será?,
entonces lo esquivo…

Fue algo del pasado
un triste recordar,
nada pudo pasar
entre mi enamorado
y yo, lo peor
es que nada ocurrirá
tal vez esté así mejor
sin embargo, no logro adivinar
lo que vendrá…

No sirve de nada soñar,
cuando se sabe con certeza
lo que el futuro traerá,
más no quito de mi cabeza
la palabra "destino"
porque si atino
estaría muy contenta.
si no adivino
me pondré atenta
por si previno
el momento…

Espero con ansias
estar equivocada

puesto que estoy cansada
de pensar
en alegres fantasías
las cuales se
que nunca podré lograr…

Anhelo estar enamorada
mas no busco al
indicado,
el tiempo cederá
todo pasara,
en los momentos
menos pensados…
Tal vez mi interrogativa
reside
en que soy negativa
no disfruto la vida, por ende,
considero que con una temporal
ilusión,
hare feliz a mi corazón
y saciaré mi pasión…
todo es un espiral
que me conduce
a una respuesta
la cual
implica abrirme las puertas….

esto es lo que mi mente
deduce
¿Qué tal si fallo?
¿Y si me pierdo?

Fácilmente hallo
el camino de vuelta
regreso con más miedo
y menos contenta…

con velocidad
me tranquilizo
todo analizo
y con tenacidad
corrijo y no repito
la ocasión…

Más siempre revive en mi
una cuestión,
una que viví,
¿Solo es un espejismo
o realismo?

El espejismo es él,
el realismo es el amor…
representado con una flor
él es pétalo,
yo soy el centro
y la semilla el encuentro
donde podrá surgir,
una gran verdad
será una bella realidad
sí a fingir
no se llega…

Eso es a lo que aspiro
vivir de suspiros,

besos y abrazos,
no de lágrimas y desánimos.

No con un gran sujeto,
sino con el correcto,
que me tengo respeto
y comprenda mi pensamiento…

El pasado
queda en el olvido
el presente
es el que se atiende
y el futuro es el resultado
de cómo hoy
yo actúo…

Por ello repito,
no necesito vivir un gran deleite
ya que mi corazón
tiene un dueño,
este vive en mi sueño
y lo he reconocido
en una ocasión,
con este ha de bastar,
para con calma
esperar…

Su nombre es amor…

Si tan solo supieras

Si tan solo supieras,
que al verte sonrío,
no solo de alegría,
sino de grandes nervios....

si tan solo supieras,
que me hiere conversar
contigo, escucharte,
aconsejarte y mirarte...

sí tan solo supieras,
lo mucho que he llorado,
lo mucho que, por ti,
he suspirado...

sí tan solo supieras,
lo mucho que te quiero,
¿se perdería la amistad?
¿se iría el cariño...?

Sí tan solo supieras,
lo mucho que me duele,
aquello que me daña,
con tan solo verte.

Si tan solo supieras
cuanto daño me causas,
al presentarte tan amable,
tan cortés y sonriente...

Sí tan solo supieras,
que tu mirada me engaña,
que hipnotiza, me enamora,
me perturba, me seduce...

Sí tan solo supieras....
que es a ti a quien quiero,
¿que pasara con lo nuestro,
con la amistad, confianza...?
¿se perdería aquello?

¡¡¡Si tan solo supieras!!!
este dulce sentimiento
¿Cómo sería...?
¿Cuál sería tu reacción?

Si tan solo supieras,
la mitad lo que digo,
la mitad me comprendieras,
mi lindo y joven amigo...

¡Si tan solo lo supieras!
No sabes cuanta pena,
me ahorrarías al no verme,
cuanto dolor me causa,
al ser tan cortés...
feliz, amable y sonriente...

Sí tan solo lo supieras,
no sabes lo feliz
que me haría,

el poder verte....
Sin tener pendiente...
de, ¿Será que si...?
¿Tal vez entre nosotros...?

Pero...no sabes nada,
no tienes ni idea,
ni siquiera por locura
lo que quiero que sepas...

¿Puedo robar tu cariño?

No cuestiones mi pregunta
solo responde por favor
quiero un beso de ti, aguanta,
no, solo deseo amarte con fervor…

Anhelo ser tu amiga, tu adorada
¿De qué me sirve ser ángel?
sí al que quiero no me reconoce
como alguien para él…

Quiero ser el oído
que te escuche en momentos
más críticos y pesados…
Deseo ser tu consejera
a una de quien fiar…

También me encantaría
ser aquella a la que besarías
delante de amigos sin pena
y demostraras que me quieres…

Pero no quiero una llama de ti
¡Deseo el fuego de tu ser!
sentir tu calor consumiéndome
y convertirnos en la antorcha…

Quisiera ser una ladrona
así robaría tus besos
unos que de tus labios
los míos pintaran de gloria…

Me gustaría ser el viento
para escuchar siempre,
tu voz que suena en mí
como un dulce recuerdo.

Me gustaría ser el agua
con el que te bañas
así te acariciaría a diario
sin que lo notaras
aunque lo sientas…

Me gustaría ser la tierra que pisas
así seguiré sin dudar tu rastro
y no te perdería de vista
pues confió en tus pasos…

No me importa lo demás
quiero estar contigo
aunque eres tan distante…
Conmigo indiferente…

Pues por más que lo intente
nunca me verás con ojos
con los que te miro
mi amigo querido…

Sin embargo, a pesar de eso
seré la mano que necesites
en los momentos difíciles
seré la que nunca dudara
de ti, a pesar de tu inseguridad…

Puesto que sé eres humano
somos parecidos
quizás eso nos separe…
sin embargo, te confesaré…

Sueño con estar contigo
acariciarte, besarte…
Ser más allá que amigos
que me muero por poseerte…

Para ti, amigo

Querido amigo:
Tal vez te sorprenda,
esta loca declaración
pero esta ocasión,
mi príncipe de prenda
florida, te anuncio
lo que siento por ti

No tolero tu manera
de expresarte hacia mí,
aquélla que me atrapa
y no me deja ser libre…
aquella que me hechiza
y no permite irme…

No me gusta la mirada
con la que me ves
mientras hablas conmigo…
Esos ojos seductores…
Que me engañan…
Ojos de enamorado…
¡Qué me ilusionan
con una leve oportunidad!

Aborrezco tu voz ronca…
La sencillez con la que fluyen
de ti, esas bellas palabras…
Que me embelesan a medias…
Que escucho fielmente de ti…

Insoportable se vuelve,
aquel aroma que emanas,
la dulce fragancia que exhalo,
cada vez que paso a tu lado…

Detesto tu sonrisa…
Pues mi faz la imita,
sin darse cuenta
de que es de risa,
un recuerdo de esa
con la que me comparas…

Desairó tus labios rosados…
Aquellos que besan con calidez,
de vez en cuando mi mejilla
¡Esos que en sueños he sentido…!
¡Que en fantasías he probado!

También repruebo tus brazos…
con los que me has tomado
cuando necesito cariño,
o luego de que riño
y me ves sollozando…

Y me agrada menos
que me conozcas perfecto,
no puedo mentirte…

Siempre has escuchado atento,
cada queja, locura y desairó
que te he contado…

Notas mi maquillaje,
aunque no necesariamente
de pintura, que a veces traigo…

De tus virtudes reniego
aquellos pensamientos
que cautivaron mis sentidos,
que enamoraste sin notarlo….
¡Que me estremecen al recordar
lo mucho que te he querido!

Abominable me resulta
nuestro contacto visual,
con esos ojitos que me observas
llenos de pura tristeza,
al percatar
que no soy aquella quien has imaginado…
Me hace creer que te he fallado,
y no puedo negarme a ti…
Te he decepcionado…

Desdeño sin lograrlo
los recuerdos creados,
los días memorables,
que pase a tu lado…

Sigo sin soportar siquiera,
un poco tu sorpresa,
no es mi culpa…
Soy tu presa…

¿Por qué estás sorprendido?

¡Jaja! Veo tu rostro compungido…
¿Por qué no me dices tu respuesta?
¡Anda! Habla ahora, tienes a tu amiga
que jamás te abandona…

Estoy atenta esperando
mientras miras acomplejado
me observas callado…

¡Incluso tu silencio me encanta!
Entiendo perfecto lo que no dices…
Tu voz no es necesaria…
Comunicas más de mil palabras…

Sin embargo, recuerdas a ella
a tu linda novia
— ¡Qué dichosa! —
¡Prueba tus labios, tiene tus abrazos!
¡Estrecha tus manos…!
¡Y es suya tu sonrisa!

¡Recibe la mirada
que me hechiza!
Pues ella te las crea…
Escucha a diario tu voz,
la que me hipnotiza…

Está bien, comprendo tu situación,
¿Acaso no es loco?
Tu amiga, la que agacha la mirada
sonrojada, percibiendo con atención
cada uno de tus melodiosos sonidos,

aquella que solo es tu amiga,
que solo comparas con tus novias
sin aclararme mis dudas…

Detesto el momento,
"Sólo eres mi mejor amiga,
mi compañera…"
Siempre supe la respuesta,
más tuve la valentía
de expresar mi sentimiento,
¡Es que es tan grande e inmenso,
que no tiene lugar en mi pecho!
Necesitaba librarme, arriesgarme…
Sabiendo tu evasiva…

Pero es la verdad,
mi realidad guardada…
Adoro tus virtudes,
alabo tus victorias
y disfruto de tu compañía,
sí, niño adorado,
has atinado…
Estoy locamente enamorada
de cada uno de tus actos…

Al príncipe de las prendas floridas

Hola, de nuevo aquí,
escribiéndote mi pensamiento
mi joven príncipe
de las prendas floridas…
No te sorprendas,
aún eres mi sueño,
aún fantaseo con aquello…

Te contaré como fue
que inicié la confusión,
creí- ingenuamente -
que te había olvidado, que no te querías
más, me había rendido,
no tenía caso mencionar el tema…

Hasta que un día,
una amiga mencionó,
"Te mira de manera diferente"
Una obvia alusión a ti, al verme…
"Claro" conteste fríamente…
"Es verdad, parece que te quiere, mucho más,
que a una simple amistad"

Y entonces recordé,
que detestaba tu mirada,
aquella engatusadora,
que me engañaba, que me enamoraba…
Esa mirada de un chico enamorado,
aquella de cuando él ve a su princesa…

"Así son sus ojos", respondí,
un poco sorprendida, reprochándome,
en la privacía de mi mente,
¿Cómo fue que, de nuevo, cedí,
ante la maldita duda?
¿Cómo es que ahora pienso…
en "por qué no serlo…"?

Pero aquel comentario,
aquella falsa acusación,
¿Tu quererme más que a una
generosa amiga?
¡Por favor! Soy yo…
nunca me verías con esos ojos…

Más como una chispita,
surgió en mi pecho,
quede con deseos,
de saber que pasaba por tu mente,
de anhelar entrar en tu pensamiento…
En tu deseo…

Sí, en tu deseo…
Que tú pienses en mí,
como en tu doncella,
que igual se te apetezcan
mis labios, estrechar mis manos,
que igual tengas la duda,
de que te sueñe…

Me la pasé fantaseando,
día a día rezando,
por creer que tu mirada,
fuera la de un enamorado,
más, sin embargo,
¿Cómo serlo? ¿Cómo tenerla…?
Siendo solo tu paño de lágrimas…

Dibujaba corazones,
encerrando las iniciales,
dibujaba parejas,
por si era una de esas,
te dedicaba poesías,
por si llegaba el día,
en que pudiera sin pena,
declamártelas…

Cuando tristemente, el suelo toque,
recordé que tienes,
a tu bella princesa,
¿Quién soy yo comparada con ella?
No soy NADA
¡No tengo equivalencia!
Por eso la escogiste,
¿Verdad? Ella es mejor…

Entonces, pedí que me miraras,
como a tu doncella,
tengo una ligera luz de esperanza,
entonces pedí que me quieras,
como si fuera única, especial,
como si fuera reina…

¿Qué estoy pidiéndote,
¿Mi príncipe encantador?
¿Dejar a tu princesa,
por una simple plebeya...?
¿Seré comparada, seré...?
¿Merecedora del honor...?

Mil veces deseo,
que tú y ella se separen,
pero dos mil veces ruego,
que tú y ella anden,
y otras diez mil veces
para que tú me ames,
sin que te lo pida,
sin que me compares...

Recuerdo un sueño,
te lo confesaré,
uno especial,
de los tantos del cual,
eras el protagonista,
en este teníamos una cita,
totalmente extraño,
¿Tú y yo saliendo?

En fin, lo interesante,
es que no pudo ir tu princesa,
¡Estábamos juntos!
Me presentabas a tus amigos,
como a una niña linda,
como a una especial,

mirándome con esos ojos seductores,
ojos perturbadores…

En ese lugar imaginario,
colocaron una canción,
todos bailaban,
excepto nosotros dos,
sabes que adoro la música,
bailar a su compás,
y en mi loco sueño me pediste,
que bailáramos allá…

Si que soy fantasiosa,
demasiado creativa,
ni siquiera te gusta el baile,
¿Y pedírmelo a mí?
Jaja, ¡Que ironía!
¡Cuánta fantasía!

Y lo más precioso,
el momento divino,
fue el que pronunciaras,
aunque sea en mi mente,
un "te quiero" dulcemente,
lentamente te acercaste,
tomabas mi rostro con tus manos,
¡Y era cautiva de tus ojos!
¡No miraba a otra parte!

Y en aquel instante,
un beso me robaste,
un tierno y cálido beso,

mis veces mejor,
del acostumbrado,
mil veces mejor…

Apenas empezaba el éxtasis,
cuando sonó el despertador,
ahí baje de la nube,
una bella ilusión,
una jugarreta malévola,
que mi subconsciente creo…
No sé cuál es mi deseo mayor,
si pedir ignorar lo que siento
por ti, lo que causas en mí,
o simplemente que me quieras,
que me veas con esos ojos,
que le dedicas a tu doncella…

Pero… ¡Estoy hastiada de esto!
¡De creer en ti!
de soñar contigo…
Por favor, dime de una vez,
que solo me ves como a una amiga,
por favor, no me mires,
como siempre lo has hecho,
¡Dime que nada es verdad!
¡Dime que nada de mis sueños,
de mis locos sueños es verdad!

Bájame del cielo, siendo honesto,
o simplemente concédemelo,
siendo mi real príncipe
de las prendas floridas…

Robymar

Este sentimiento
que creí marchitado,
lo has resucitado…

Esa llama surgió.
con una sonrisa,
una chispa…

El fuego se encendió…
dependerá de ti
Crecer o dejarlo morir…
Este sentimiento
ha renacido…
De forma mágica…

Me gustan tus ojos,
tan brillosos.
Me fascinan tus labios,
se ven antojosos…

Pero lo más me enamora
de ti, ser increíble…
Y no por tus talentos
sino sacarme de la imperiosa
apatía con la cual vivía…

Lo que me gusta, me hechiza…
es esa manera tan de géminis…
Cambiante…

Serio a alegre...
espontáneo y sonriente,
productivo y pensador...
Metas y objetivos,
sentimientos encontrados...
De frustración con coraje...
Tu motivación...
Eso, niño lindo,
es lo que me encanta...
Eso es lo que me atrae
hacia ti...
Por fin he hallado,
aquel chico deseado,
por favor, si es un sueño,
no quiero que acabe,
porque con tu compañía,
estoy muy feliz...
Mi chico deseado...

¿Correspondido o no?
¡No me importa ya!
Solo tu compañía
y el qué dirán
Se desvanece...

Y caí en su trampa

No sé por qué cedi,
sabiendo cómo eres,
no sé por qué permití,
que seas uno de mis amores.

Soy una gran fantasiosa,
¿cómo pude pensar
que contigo lujosa,
una relación podría empezar?
siempre me ha ocurrido,
me derriban luego,
de que "somos amigos"
y me dejan herido
mi corazón.

Soy muy liviana,
me enamoro con mirarte,
pero no más conocerte,
que tonta razón...
No vales mi llorar,
algún día caro
vas todo pagar,
y así te arrepentirás,
de lo que hiciste…

Cruel engaño

¿Qué es el amor?
es una emoción,
cuyo sabor miel,
se siente en la piel,
de tu ilusión.

Me enamore de tu compañía,
de tu forma de ser,
confundí tu amabilidad,
con amor, tu alegría,
con virtud.

Cruel engaño,
merezco un regaño,
por ser tan sencilla,
pero pisoteada mi ceniza,
no buscaba dar sonrisas.

Ninguna lágrima por ti

Sé que no debo sufrir
pero no me quito de mi cabeza
la triste verdad que voy a vivir
puesto que lo que apostaba con confianza
quedará en el olvido…

¿Será que yo estaba errada?
¿Qué tengo para no simpatizar?
¡Por qué me di cuenta que si estoy enamorada!
Y que quería dudar
para no sufrir más…
¿Se le puede decir amor
a un hipócrita
que solo causo dolor
mucho dolor?
Y ya que tenía una lámpara
esta se apaga, antes de encenderse
ahora me siento sola y desolada
avergonzada y con ganas de romperse
en mil pedazos mi corazón,
y perderse para siempre…

Pero no voy a caer
no me rendiré a la primera
esa era mi otro yo, la que pensaba en perder
antes de entrar a la pelea verdadera
antes de entrar…

Ahora solo lo superaré

no voy a llorar
ni una lágrima
solo lo olvidaré…

Aunque con todo mi pesar
debo admitir que no me lo esperaba
y también aceptar
que me hirió más de lo que pensaba…
Pero así es el anidar,
y, por ende,
siempre llegan más oportunidades,
que hay que saber aprovechar
aprovechar y avanzar….

Nunca retroceder,
al futuro mirar,
sin tomar un leve impulso,
de lo pasado,
(perdido o ganado)
solo continuar…

Y por consiguiente
seguir hacia delante
con mente y alma triunfante…
INGENUIDAD

Fue de casualidad,
el día que te vi,
no sé cómo en verdad,
sentí cosas por ti...

No me digas,

se lo piensas,
que soy una mendiga
niña poetisa...

Me dolió conocerte,
verte tal cual,
me niego a pensar eso real,
¿y si es así? me heriste…

No busco la manera de decirte

No busco la manera
de decirte lo que siento
¿por qué no eres mago
y lees lo que siento?

Sé que me quieres
pero no como yo a ti,
es que te has llevado
un pedacito de mí...

Tonto, tonto, tonto
eres un tonto
¿Cómo no te das cuenta
qué eres el del poema?

¡¡¡Tonto, tonto tonto!!!
¿Como no lees mis ojos
y descubres mi real enojo...?

Tal vez, aunque lo sepas
no me quieres de igual manera
tal vez, aunque te lo diga
me dañarías como a cualquiera...

Sin embargo, a pesar de tus riñas
sé que no tenemos el mismo cariño
por eso, pierdo la ilusión
de que serás mi dulce niño...

Tonto, tonto, tonto
¿cómo me pude dejar llevar?
ahora estoy esperando...
Recibiendo un pétalo de tu rosa
cuando yo te la regalo entera
sin que te des cuenta....

Tonto, tonto, tonto...
ojalá me comprendas

Ella

81

Dulce fantasía,
donde vi tu figura,
que, mezclada con ricura,
fue labrando tu ceñía…

Te quiero sin conocerte,
te espero ansiosa,
para identificarte y verte,
chica preciosa…

Una linda sonrisa,
una coqueta mirada,
un cuerpo de diosa
y seducción desbordada…

Me perdería en tus ojitos,
en tu aroma, en tu esencia,
en tu piel, en tu presencia,
en tus besitos…

Si, que linda pasión,
ardiente como el fuego
que consume mi corazón
solo por estar contigo…

Ya me imagino,
besándonos a escondidas,
pues así tu labio
sabrá más acaramelado…

Pero tengo un temor,
las arpías hablaran,
¿destrozarán nuestro amor?
Si nos queremos, fracasarán…

El momento exquisito,
acompañado de estrellas,
estaremos a solas,
y el mundo poco valdrá,
solo contara,
lo que pase la noche aquella…

Ya me lo imagino,
acariciar tu piel,
extraviarme en tus caminos
y beber de tu miel…

Danzaremos acostadas,
lanzando miradas,
Y dormiremos abrazadas,
para darle bienvenida
al siguiente día…

Qué lindo amanecer,
dormí en la protección
de tus brazos y pechos,
anhelando volver
al contigo al mismo lecho…

Vaya deleite,
mirando tu esplendor,

tus magnos lunares,
susurrándote al oído
"A tantos placeres"
no quiero darle fin"

Durante el sol padre,
habrá amistad.
Y con la luna madre,
habrá sensualidad…

Pasaremos de amigas
a amantes,
de compañeras
a confidentes…

Con gran afán busco
llegar a esa realidad
no solo fantasear
con una linda doncella…

Amante de noche,
amiga de día
y dueña del corazón
que escribió la poesía…

Amigas

No comprendo, cómo es que paso,
es que no concibo la idea…
más que una amiga,
para mí no eras
pero lentamente…algo cambió…
Durante las noches soñaba,
el vivir en el mismo techo,
conocerte a profundidad,
saber si podíamos estar juntas
conviviendo como pareja, sin serlo…
Durante el día te veía,
con una tierna mirada…
Deseando que lo ignorarás…
¡no sabes cuánto me alegraba
¡El saber que ello no importaba!
tus gestos observaba,
tus labios de cereza
me inquietaban…
Poco a poco, tenía deseos…
Deseos de besarte, de mimarte,
de protegerte, de cuidarte…
como si fueras una persona frágil…
es que, ante mis ojos,
Eres una chica débil…
Muy sensible con el disfraz de rudeza…
De una promesa, nace tu fortaleza,
de un recuerdo tierno, nace tu desamor,
Tu apatía por la vida…
Todo tan monótono…
Por eso quería protegerte…

Alegrar, aunque sea un poco,
en tu triste ambiente…
por eso lentamente…
Sin siquiera percatarme
Caí en tus redes…
Me deje llevar por tu ceñía,
por tus atavíos,
me encanta todo…
¡Sí, me gustas mucho!
Tus ojos, tu voz, tu sonrisa,
tus celos, tu enojo, tu alegría,
tus abrazos, tus mimos, tus reproches…
¡todo eso me encantaba!
¡y ahora me eres arrancada!
Si por un chico fuera,
no sabes cuanta miel desbordara,
¡pero no es por él!

Es por una falsa amiga,
me alejo de ti por bromas
por causar su diversión,
"Solo es un juego"
Y tú ingenuamente,
la más tonta de todas
(y perdóname por la palabra)
la seguiste…
¡A pensar no te detuviste!
¡Igual la seguiste por diversión!
Algo lúdico para el rato…
"Total ella es la mala…
Es la mala amiga"
¡y con ese pretexto te llevo lejos!

Ahora casi no hablamos,
ahora solo me dices de ella…
Como si fuera la niña perfecta…
Yo tampoco lo soy…
Pero…
Son mis malditos celos…
Son mis temores endiablados…
¿Pero sabes?
te quiero mucho,
no me importa nada más…
"Si quieres a alguien,
déjalo libre,
si regresa a ti, es tuyo,
si no, nunca lo fue…"
Y yo no te quiero…
Te adoro…
Te admiro,
Te aprecio…
Eres más que una amiga,
Pero solo serás eso…
Tal vez en mis sueños…
En aquel consuelo ilusorio,
Probaré tus mieles…

Mi espejo

Es un mundo material,
el amor se pierde,
y el mundo espiritual,
de blanco pasa a verde.
Juzgamos sin cesar,
pero no concebimos,
cómo es nuestro pensar,
sólo actuamos y vivimos.
En el sendero de la verdad,
tratamos de caminar,
nos detenemos en la oscuridad,
para poder bien analizar.

¿Acaso estamos errados?
¿Cómo será nuestra reacción?
En la mente no hay morada,
para esa actuación.

Palabras

Las palabras me faltan,
el silencio me corroe,
las palabras se quedan
encarceladas en mi mente...
No tengo que más que decir,
no tengo más que contar,
este sentimiento inmenso
no se puede abreviar...
las palabras no me alcanzan,
el tiempo pasa...
Lentamente se van...
O lentamente se quedan...
Permanecen encarceladas
en la sombra de mi ser...
Me faltan palabras,
mi pecho arde
y mi corazón se quiebra...
mis ojos piden lágrimas,
Pero mi mente austera,
Se las niega...
Las palabras me faltan...
Que tacañas y mezquinas,
no existen suficientes
para narrar lo que siento...
Asfixiando mí ser...
no me expresan nada...

Metamorfosis

Calma…
Lo defino imperturbable,
se halla en equilibrio,
tensión,
conozco el sentimiento,
falsa ironía,
¿Existe ello?
No me burlo, es hipocresía…
Un consuelo, risas, sueños…
Máscaras plásticas,
Miradas pérdidas,
¿Quién es la niña escondida?
¿Quién es la niña dormida?
¿Dónde estás?
Sal y lucha,
Libérala, sin miedo,
es peor vivir encadenada,
que conocer el infierno,
es peor estar cegada,
que descubrir el ego…

Conciencia, conciencia,
habla y no te calles
la vida es corta,
para vivir atada…
Cadenas, risas, llanto…
Sueños y esperanza…

Ahogada en un río ensangrentado,

ahogada por mi voz,
ahogada en un vómito social,
miserable basura…
Juegos de máscaras,
hipócritas plásticas,
si por serles sincera,
estaré loca…
Les digo sin sorna

¡BIENVENIDA LA LOCURA!

Piedras

Hay una piedra en mi camino…
La veo y me tropiezo…
¿Por qué no la esquivo?
Avanzó de nuevo, me levante…
Tengo menos energía…
Pero avanzo…
Sin darme cuenta, hay otra piedra
esta es más grande y dura…
Mi energía está mermada…
De nuevo me tropiezo
Me levanto sollozando…
¿Por qué no puedo esquivarlas?
Quiero más fuerza….
Ahora lloro y avanzó.
Que angustia,
que angustia
el camino es largo
y la noche me acompaña…
¿Qué haré?
Si ya no veo mi camino
Me caeré de nuevo…
Lentamente avanzó…
Ya no es una piedra
La veo más grande….

Veo pequeñas cosas, pero son gigantes…
Mi vista esta nublada
en el piso comienzo a llorar
mi pecho está oprimido….
Esta angustia no me gusta…

¿Cómo libero a mi pecho
de este dolor?
Lloro y lloro, me desespero…
"Auxilio", quiero gritar "auxilio"
pero no hay nadie…
Este dolor, este dolor…
Me siento sofocada, me falta aire….
"Auxilio, auxilio…"
Abro mis ojos y no veo nada…
Las piedras son pequeñas…
Se encajan en mi…
Decido apartarlas y caminar…
Me doy cuenta que eran pequeñas
y todo estuvo en mi mente.
Camino, avanzo…
El sol me acompaña esta mañana
y mis lágrimas cesaron…

Infieles

Qué monótono vivir,
siempre haciéndose sufrir,
para ver quién manda,
en ese tormentoso amor,
sí así se le puede decir,
a un encarnado dolor,
causado por aquel sagrado
ser, al que le dimos el corazón...
¿Para qué la mentira?
¿para qué la apariencia?
si no se quieren,
no se dañen,
¡Pero si es su distracción!
Ver quien soporta las risas,
sordas del infiel...
¿Para qué la apariencia?
¿no es mejor soltero
y con varias pasiones
que casado y con amantes?
No disimulan dignidad,
al contrario, enseñan,
la falta de honestidad,
solo se engañan...
qué monótono vivir,
oyendo las sordas risas
del que te hace sufrir...

Para mi persona ideal

Tal vez pido mucho,
pero son solo requisitos,
estos el muchacho
ideal debe cumplir

quisiera que me escuche,
una buena comunicación,
y que me tenga confianza
para contarme su situación...

deseo igualmente,
que no sea infiel
porque si me respeta
y quiere, me será fiel...

un chico responsable,
maduro y que acepta
sus errores,
que piense sus palabras...

También me gustaría que, con risas,
me alegré el amargo día,
en mi faz dibuje sonrisas....

Que no sea vicioso,
su mente saludable,
en cuerpo precioso...
Muy virtuoso…

También adoraría

que me dé su opinión
por si lo ofendo
quiero saber mi equivocación...

Su principal hermosura
solo comparable
con su dulzura...

Tercera etapa de mi vida:

ADULTEZ

Madre mía

Texto escrito a los 19 años.

Madre mía…
No te lo dije antes, porque no sabía
pero ahora la congoja es tan grande
que no tengo cabida en mi pecho…
Lloro y lloro, y parece un pozo sin fondo…
No te dije lo maravillosa que eras
ni lo mucho que amaba tu risa
no te dije que eras una luchadora
ni que eras la que más admiraba en el mundo…
Fui maleducada
como me arrepiento
te falte al respeto, como hija necia
como me arrepiento
ahora que no estás… ¿Qué caso tiene?
tengo fe de que lo sabes
donde sea que estés, me escuchas
cuando te abracé y me miraste…
Eras tan frágil y vulnerable…
Tu vida se iba en mis manos…
Sentía tu alma irse…
Pero tú me sonreíste…
Logre decirte que te amaba…
Que te amo y te amaré…
Te tengo en mis bellos recuerdos…
aquellos ingratos
como los aborrezco…
Qué pena, qué desdicha
el no haber sido la mejor al final…

Pero me da gusto recordarte
Mi niña…
Poco a poco
De ser mi madre, eras mi niña
Una niña indefensa que cuidaba…
Yo veía cómo te dejaste vencer
como retrocedías…
De mujer a bebé…
En tus últimas etapas…
Comprendí que eso hiciste por mí
no te quejaste ni una sola vez
pero en cambio yo…
Como me duele…
Por piedad, deseaba tu descanso…
Porque qué vida…
La mujer más fuerte cae
y tú resististe mucho…
Me creí egoísta…
Pero al verme en tu cuarto…
Comprendí todo lo que sufrías…
Sola…esperándome, con tu amiga televisión…
No querías molestarme…
Nunca lo hiciste
me queje que si…
No lo niego, me arrepiento…
Pero es que era tonta e inmadura
te creía burlona
no te comprendía, no tenía idea…
Solo veía por mi…
Pero al final me sonreíste…
Comprendí que me perdonaste…
Que tu amor por mí era tan grande

que no te importaban mis defectos…
Tú solo me amaste…
Y yo también lo hago…
La mujer más divina y espléndida
de la risa más perfecta
una mujer guapa e inteligente…
Te quiero madre…
Gracias por todo, gracias…
Gracias por darme la vida…
Con mis hermanitos estás en el cielo…
Y yo te alcanzaré en unos años…
Ahora tu dolor cesó…
Me abriste camino…
Como siempre pensando en mí…
Ahora te deseo lo mejor…
En donde estés…
Sé que eres feliz…
Cuando vengas por mí…
Yo estaré feliz a tu lado…
Te amo madre…
Te amo madre mía…
La luz de mi vida…
La inspiración de mi alma…
El motivo del cambio…
Crecimiento y fortaleza…
Te hice una promesa…
Dios será mi guía…
Te hice otra promesa…
Cumpliré mis sueños
Y lo verás…
Desde tu cielo…
Descansa en paz…

Cuánto cuesta la niña

Texto escrito a los 24 años.

¿Cuánto cuesta la niña?
¿Cuántos juguetes comprados?
¿Cuánto dinero pagado?
¿Cuánto? ¿Cuánto? ¿Cuánto?
¿Cuánto pagar por su himen?
¿Cuánto pagar por su sangre virgen?
Tiene cuatro, tiene cinco, tiene seis…
¿Cuánto pagar…?
Deme 200, 300, deme mil…
¿Cuánto cuesta la niña?
¿Cuántos anhelos? ¿cuántos sueños?
¿Cuánto cuesta? Dime, dime
quiero sentir su cuerpo romperse,
quiero ser el primer hombre de su vida,
tiene cuatro, tiene cinco, tiene seis…
Tengo mil, tengo dos mil…
¿Cuánto cuesta esa niña?
Quiero tenerla, es adorable, es tierna
es una muñequita dulce y bella
¡Mira, mira su carita, su piel, sus nalguitas!
¡Mira sus pechos sin crecer! ¡La quiero!
¿Cuánto cuesta?
Tengo mil, tengo dos mil…
¡Basta! ¡Basta! ¡Te diré lo que cuesta, cabrón!
Cuesta terapias interminables,
cuesta largas noches de desvelo,
cuesta sentir la sangre sobre su piel

cuesta intentos de suicidios,
cuesta un váyase a la mierda los hombres
cuesta un quiero ser lesbiana,
cuesta sentirse fea, poca cosa, usada…
Cuesta el sentirse "puta…"
Cuesta unas ganas de mandarlo al carajo
cuesta un huevo no odiarlo,
y poder decirle "tío"
cuando quiero decirle que es un
puto, desgraciado,
infeliz, canalla, hijoputa, cabrón, ojete
pelaná, pendejo, imbécil, un poco hombre
cuesta mucho creer que la naturaleza
le haya dotado de humanidad cuando
pudo haber sido un cerdo, un perro,
no, mejor una cucaracha
para poder pisotearlo,
dejarlo sin dignidad y sin vida...
¡Cuesta traumas, miedos y fobias!
¡Cuesta un chinga tu madre
y me voy a la mierda, cabrón…!
¡Cuesta, cuesta, cuesta!
¡Toma tus dos cientos, tus mil, tus tres mil!
Porque ya no tengo cuatro, ni cinco, ni seis
Tengo veinticuatro y aquí se respeta
mi nombre.

La cuarentena

Texto escrito a los 27 años.

El pedacito de tierra en que habito
me permite sentirme afortunada.
Un hogar me acobija,
un par de perros besa mi mejilla,
mi padre me acompaña,
con la civilización deconstruyéndose,
me encuentro sana y salva.
Respiro,
escucho a las aves,
medito,
leo notas de muertes
miles dejan la Tierra.
Esta pandemia quiere la humanidad:
El contacto humano, los abrazos, los besos…
Quiere la vida:
Me roba el aliento.
Quiere todo para sí mismo:
Egoísta, toma el viento de las calles.
La felicidad está en un abrazo.
En respirar.
En sentir la Tierra.
Este encierro me conecta conmigo.
Con las voces que permanecían calladas.
Con todas las mujeres que soy.
Este encierro me devuelve mis sueños,
mis aspiraciones, mi niña interna.
Hablo conmigo todas las noches,
me doy esperanza y agradezco.

Soy afortunada.
En medio del caos.
tengo esperanza.
¿Será que es Shivah
quien orquestó todo?
¿Será que está destruyendo
porque es la única manera
de seguir existiendo?
¿Será que la Tierra se hartó de nosotros?
¿Será que somos tan egoístas
para ver como estorbo al prójimo?
¿Será que toda la humanidad despierte?
¿Será?
Construyo mi realidad al alba,
me repito una y otra vez.
"Todo es perfecto…"
"Todo es como debe ser…"
Oro por los difuntos.
Estamos en paz.
Agradezco infinitamente a la fuerza universal
que me permite seguir con vida.
Y cuando regrese con la tribu septentrional,
mi epitafio deberá contar la escritora que soy,
las personas que amo
y de mis cenizas, sembrarán margaritas.

El supremo, antología de poesía,
de Hikari Yuuki Artist,
se terminó de imprimir
en julio de 2022.
Impresión bajo demanda.